삼국 시대에는 이웃 나라와의 전쟁이 잦아서
나라를 지키려면 용감하고 충성스런 신하들이 필요했습니다.
뛰어난 말솜씨와 죽음을 두려워하지 않는 용기,
어떠한 어려움에도 꺾일 줄 모르는 충절로
신라 천 년 역사에서 으뜸가는 충신으로 꼽히는 이가 있습니다.
바로 박제상입니다.

신하의 충절에 대한
그림으로……

글 _ 유호선
고려대학교를 졸업한 뒤, 지금까지 어린이책 만드는 일을 해 왔습니다. 어려서부터 옛날이야기와 역사를 아주 좋아했습니다. 역사를 어렵게 생각하는 사람들도 있지만 역사도 결국은 옛날에 있었던 일을 다룬 이야기라고 생각합니다. 지은 책으로는 《동글동글 바퀴》《흥흥 잠이 안 와》《엉터리방터리》《서툴더툴 마녀》 등이 있습니다. 어린이들이 박제상의 이야기를 옛날이야기처럼 편안하고 재미있게 읽기를 바라는 마음으로 이 책을 썼습니다.

그림 _ 윤정주
홍익대학교 회화과를 졸업하고, 지금은 어린이책에 그림을 그리고 있습니다. 그린 책으로는 《아카시아파마》《나 좀 내버려둬!》《누가 웃었니?》 등이 있습니다. 이 책에서는 신라와 고구려, 일본을 오가는 배경과 박제상의 상황을 잘 느낄 수 있도록 평면적인 스타일로 작업하였습니다.

감수 _ 윤선태
서울대학교 국사학과를 졸업하고, 같은 학교 대학원에서 한국 고대사를 전공하여 박사 학위를 받았습니다. 충남대학교, 한신대학교를 거쳐 지금은 동국대학교 사범대학 역사교육과 교수로 있습니다. 지은 책으로는 《목간이 들려주는 백제 이야기》《한국 고대 중세고문서 연구》(공저) 등이 있습니다.

충절의 본보기
박제상

원작 김부식 | 글 유호선 | 그림 윤정주

예원미디어

신라 19대 임금인 눌지왕*에게는 큰 걱정이 있었어요.
두 동생이 십 년도 넘게 왜와 고구려에 볼모*로 가 있었거든요.

그 시절 신라는 힘이 약한 나라였어요.
힘센 고구려는 신라를 겁주며 간섭하려 들었고,
왜는 신라를 자주 공격했지요.
신라는 두 나라와 평화롭게 지내기 위해 어쩔 수 없이
복호, 미사흔 두 왕제*들을 고구려와 왜로 보냈어요.
눌지왕이 왕위에 오르기 전의 일이었지요.
임금이 되자 눌지왕은 동생들을 데려와야겠다고 마음먹었어요.

*눌지왕 _ 이때에는 눌지 마립간이라고 불렀다. 마립간은 '으뜸가는 임금'이라는 뜻이다.
*볼모 _ 나라 사이의 약속을 지키기 위해 상대편에 잡혀 있는 사람.
*왕제 _ 왕의 동생.

눌지왕은 지혜롭다고 소문난 세 신하를 불렀어요.
"볼모로 잡혀 있는 동생들 생각에 몹시 마음이 아프오.
행여 동생들이 다칠까 걱정이 되어
고구려와 왜의 요구를 무시할 수도 없소.
동생들을 데려올 수 있는 좋은 방법을 말해 보시오."
하지만 아무도 선뜻 대답하지 못했어요.
자칫하다가 목숨을 잃을 수도 있는 일이었으니까요.
"저희들의 힘으로는 어려울 것 같습니다."
신하들은 위험한 일에 쉽게 나서려 하지 않았어요.
"이 일을 할 수 있는 사람이 딱 한 사람 있습니다.
바로 박제상입니다.
그는 지혜롭고 용기 있는 사람입니다."

눌지왕은 박제상을 불렀어요.
"동생들이 고구려와 왜로 떠난 지 십 년도 더 지났구나.
왕이 되어 부귀를 누려도 동생들 생각에 슬프기 그지없다.
동생들을 데려와야겠는데, 그대가 할 수 있겠는가?"
박제상은 말없이 생각에 잠겼어요.
침묵이 흐르자, 눌지왕은 긴 한숨을 토해 냈지요.
잠시 뒤, 박제상이 결심한 듯 말했어요.
"임금님께 근심이 있는데도 모른 척한다면
충성스런 신하라 할 수 없습니다.
또한 목숨이 위험하다 하여 나서지 않는다면
용기 있는 자라 할 수 없습니다.
비록 재주는 없사오나 명을 받들겠습니다."

박제상은 예물을 준비하여 고구려로 떠났어요.
"나리, 예물을 좀 더 많이 가져가야 하지 않을까요?"
박제상을 뒤따르던 하인이 걱정스럽게 물었어요.
"예물을 더 가져간다고 해도
고구려 왕의 마음을 돌릴 수는 없을 것이다."
"그럼 무엇으로 고구려 왕을 설득한단 말입니까?"
하인이 놀라서 되물었어요.
박제상은 아무 대답도 하지 않았어요.
고구려로 가는 내내 박제상은 깊은 생각에 빠졌어요.

몇 달이 걸린 끝에 박제상은 고구려 국내성에 도착했어요.
고구려군이 성문을 굳게 닫은 채 박제상을 내려다보았어요.
박제상은 전혀 기죽지 않고 당당하게 외쳤어요.
"저희 왕께서 보내신 예물을 가져왔소.
고구려 왕을 만나게 해 주시오."

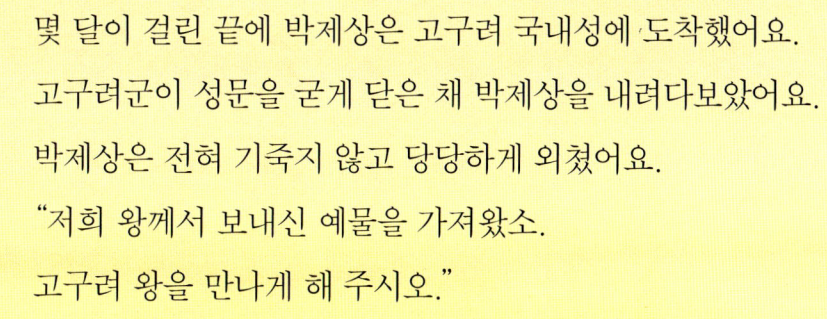

박제상이 예물을 바치자, 고구려 장수왕은 흐뭇한 표정을 지었어요.
"바라옵건대 복호 왕제가 신라로 돌아갈 수 있도록 허락해 주십시오."
그러자 장수왕의 얼굴이 차갑게 변했어요.
"절대 안 된다. 그런 청을 하려거든 당장 돌아가거라.
그렇지 않으면 너의 목을 칠 것이다."
박제상은 더욱 침착하게 말을 이었어요.
"이웃 나라와는 믿음으로 사귀어야 한다고 들었습니다.
볼모를 두는 것은 작은 나라에서나 쓰는 방법입니다."
장수왕은 고구려를 작은 나라 취급하는 것이 못마땅했어요.
이를 알아챈 박제상이 이번에는 치켜세우며 말했어요.
"고구려는 마치 아홉 마리의 소처럼 힘센 나라입니다.
복호 왕제가 신라로 돌아간다고 해도
아홉 마리 소에서 털 하나 빠진 것이나 다름없습니다.
하지만 저희 왕은 대왕께서 베푸신 크나큰 은혜를
두고두고 잊지 않을 것입니다."
그러자 장수왕은 다시 기분이 좋아졌어요.
"그런가? 그럼, 복호를 데려가거라."
박제상은 뛰어난 말솜씨와 지혜로 복호 왕제를
무사히 데려올 수 있었어요.

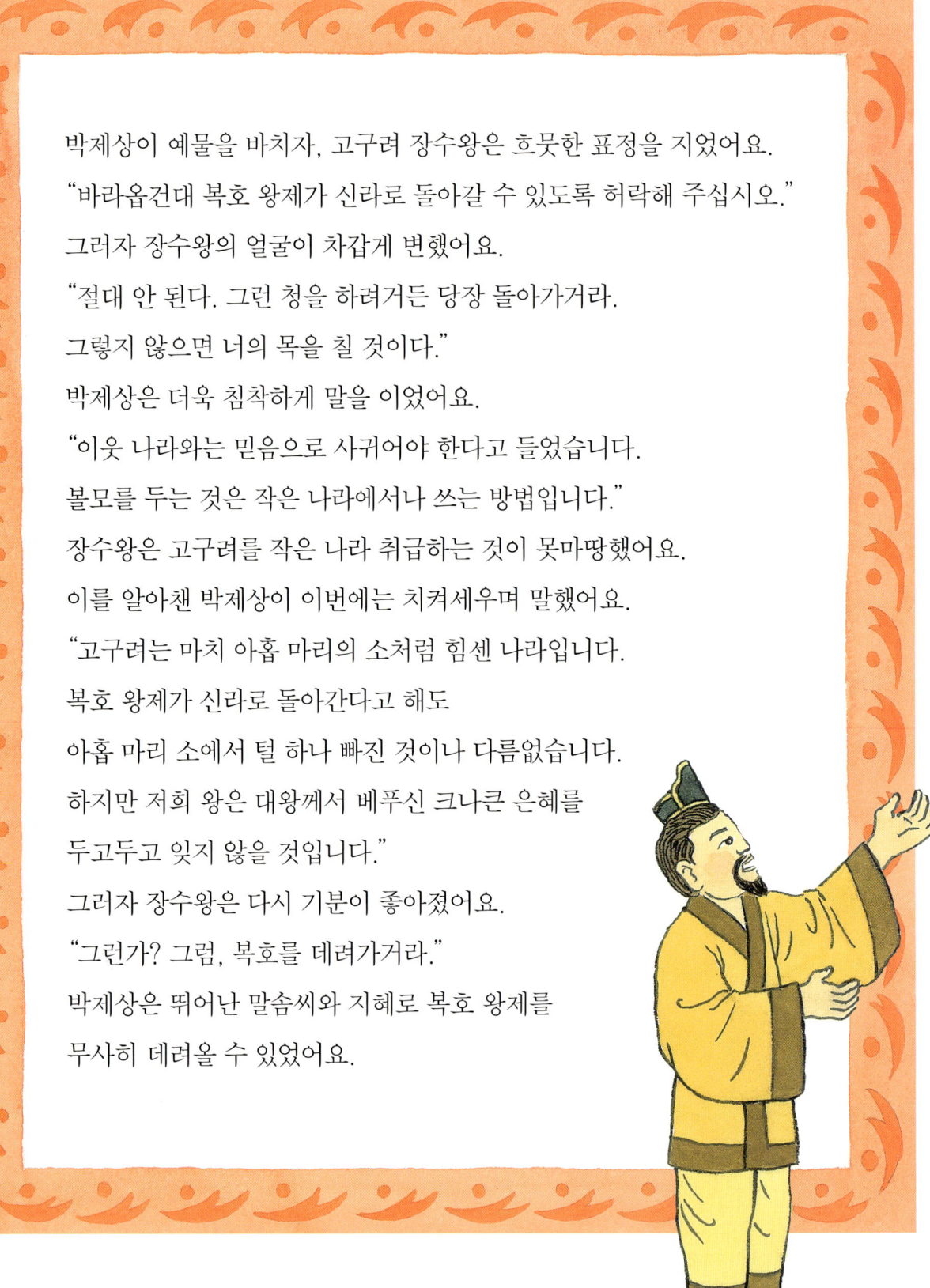

복호 왕제가 돌아오자 눌지왕은 큰 잔치를 벌였어요.
그런데 눌지왕은 오히려 슬퍼 보였어요.
"복호가 돌아오니 기쁘기 그지없구나.
그런데 왜에 가 있는 미사흔 생각에 더욱 가슴이 아프구나."
눌지왕은 말로는 왜왕을 설득할 수 없을 거라 생각했어요.
신라와 왜의 사이가 전보다 더 나빠졌기 때문이에요.
박제상도 그 점이 걱정되었지만,
마음을 굳힌 듯 단호하게 말했어요.
"목숨을 걸고서라도 미사흔 왕제님을 모셔오겠습니다.
제가 왜로 떠나면 왕을 배신하는 큰 죄를 지었다고
소문을 내 주십시오.
왜왕을 속여 미사흔 왕제님을 탈출시키겠습니다."

박제상은 죽음을 각오한 채 왜로 떠날 채비를 했어요.
가족들을 보면 마음이 약해질까 봐
집에도 들르지 않고 곧바로 떠났지요.
박제상의 부인은 남편의 소식을 듣고,
정신없이 바닷가 포구로 달려갔어요.
이미 박제상이 탄 배는 저만치 멀어져 있었어요.
"무사히 잘 다녀오세요."
부인은 있는 힘껏 큰 소리로 외쳤어요.
그러자 박제상이 손을 흔들며 대답했어요.
"왕의 명령을 받고 떠나는 길이오.
살아 돌아오기 어려울 것이니 기다리지 마시오."
부인은 박제상의 말에 그만 주저앉고 말았어요.

박제상은 왜나라에 도착하자마자 군사들에게 붙잡혀
왜왕 앞으로 끌려갔어요.
박제상이 왜를 몰래 살피러 왔다고 생각한 거지요.
"저는 첩자가 아닙니다. 신라에서 죄를 지어 도망쳐 왔습니다.
이곳에서 살 수 있게 해 주십시오."
하지만 왜왕은 박제상의 말을 믿지 않았어요.
박제상은 왜왕을 속이기는커녕 그만 감옥에 갇히고 말았지요.
박제상은 계획이 어그러지자 애가 탔어요.
그렇게 며칠이 흘러갔지요.

박제상은 다시 왜왕 앞으로 끌려갔어요.
신라를 몰래 살피러 갔던 왜의 첩자가
박제상이 신라에서 큰 죄를 짓고 도망쳤다고 말했기 때문이에요.
왜왕이 박제상에게 말했어요.
"나의 신하가 되어 충성한다면 널 풀어 주겠다.
신라가 우리를 공격하기 전에 우리가 먼저 신라를 칠 것이다.
군사들을 안전하게 이끌어 줄 길잡이가 필요하니,
미사흔과 함께 길 안내를 맡도록 해라."
"예, 그리하겠습니다."
박제상은 왜왕에게 넙죽 절을 했어요.
그러고는 남몰래 안도의 한숨을 쉬었어요.

박제상과 왜나라 군사들은 신라 가까이에 있는 섬에 머물렀어요.
박제상은 우선 왜나라 군사들의 의심을 풀어야겠다고 생각했지요.
왜나라 군사들이 늘 감시하고 있었으니까요.
박제상은 미사흔과 함께 날마다 한가로이 낚시를 즐겼어요.
왜가 신라를 공격하든 말든 신경 쓰지 않는다는 듯이 말이에요.
또 박제상은 크고 좋은 물고기가 잡히면 모두 왜왕에게 바쳤어요.
왜왕은 충성스러운 신하라며 크게 기뻐했지요.
"신라를 공격한다는데도 저리 태평하다니.
미사흔과 박제상은 왜나라 사람이 다 된 것 같소."
날이 갈수록 왜나라 군사들은 박제상을 믿게 되었지요.

박제상은 감시가 소홀해지자 미사흔을 재촉하며 말했어요.
"지금이 기회입니다. 이제 저들이 의심하지 않으니 어서 떠나십시오."
"혼자 갈 수는 없소. 내가 떠나면 그대의 목숨이 위태로워질 것이오."
미사흔이 고개를 저으며 대답했어요.
"만약 둘이 함께 간다면 왜나라 군사들이 금방 눈치 챌 것입니다.
제가 남아 왜나라 군사들에게 둘러댈 테니 서둘러 떠나십시오."
미사흔은 박제상을 죽음으로 내몰고 혼자만 떠나려니
발이 떨어지지 않았어요.
박제상은 어서 떠나라고 재촉했지요.
미사흔은 어둠을 틈타 몰래 배를 타고 신라로 떠났어요.

이튿날 아침, 박제상은 일부러 느지막이 일어났어요.
그러고는 미사흔이 몸이 안 좋아 누워 있다고 둘러댔어요.
미사흔 왕제가 멀리까지 도망칠 시간을 벌기 위해서였어요.
하지만 왜나라 군사들은 미사흔이 계속해서 보이지 않자
의심하기 시작했어요.
"미사흔은 어디에 있느냐?"
방문을 막아선 박제상을 밀치고 왜나라 군사들이 방 안으로 들어갔어요.
그제야 왜나라 군사들은 미사흔이 도망친 것을 알아차렸지요.
"멀리 못 갔을 터이다. 미사흔을 꼭 붙잡아야 한다."
하지만 그날따라 안개가 짙게 끼어 미사흔이 탄 배를 찾을 수 없었어요.

화가 난 왜나라 군사들은 박제상을 꽁꽁 묶어 끌고 갔어요.
"너는 나의 신하가 되겠다고 했다.
그런데 어찌하여 미사흔을 도망치게 한 것이냐?"
왜왕이 성난 목소리로 말했어요.
"나는 오로지 신라의 신하일 뿐이다.
신라 왕을 위해서라면 목숨 따위는 아깝지 않다."
왜왕은 화가 났지만 박제상의 충성심이 마음에 들었어요.
"나의 신하가 되겠다고 하면 널 용서하고 큰 벼슬을 내릴 것이다.
그렇지 않으면 너를 죽일 것이다."
하지만 모진 고문을 받아도 박제상의 마음은 달라지지 않았어요.
왜왕은 박제상을 자신의 신하로 만들 수 없다는 것을 알고는
박제상을 불에 태워 죽이라고 명령했어요.

박제상은 죽었지만 미사흔은 무사히 신라로 돌아왔어요.
"제가 돌아온 것은 모두 박제상 덕분입니다.
하지만 그는 저 때문에 목숨을 잃었습니다."
박제상을 생각하며 미사흔이 슬픈 목소리로 말했어요.

눌지왕은 박제상의 공을 기려 가족에게 큰 상을 내리고,
박제상의 딸을 미사흔의 부인으로 삼아 왕족이 되게 했어요.

충성스런 신하의 본보기 박제상

박제상은 눌지왕의 두 동생을 구하러 적국인 고구려와 왜에 갔어요. 뛰어난 말솜씨와 지혜로 무사히 왕제들을 구출했지만 박제상은 왜에서 죽었지요. 그 뒤 오래도록 박제상의 충절은 많은 사람들에게 본보기가 되었어요.

박제상은 어떤 점이 훌륭했나요?

박제상은 나라가 위기를 맞거나, 왕이 굴욕을 당하는 것을 보면 신하로서 목숨을 바쳐 막아야 한다고 생각했어요. 또 왕이 명령을 내리면 아무리 어렵고 위험한 일이라도 충성과 용기를 다했지요. 충성심은 모든 신하들이 가져야 할 가장 중요한 덕목이었지만, 왕과 나라를 위해 목숨까지 바친다는 것은 어려운 일이에요. 그래서 충절을 직접 실천한 박제상은 왕을 비롯한 많은 사람들에게 칭송을 받았지요.

《삼국유사》에도 박제상 이야기가 나오나요?

《삼국유사》에는 김제상 이야기가 나와요. 박제상이 살던 때에는 성이 사용되기 전이라 후세 사람들이 성을 붙인 것인데, 말하는 사람에 따라 박씨라고도 하고 김씨라고도 한 것이에요. 그런데 두 책의 이야기는 서로 약간씩 달라요. 먼저, 눌지왕의 동생들 이름과 볼모로 잡혀간 때가 다르지요. 《삼국사기》에는 복호와 미사흔 모두 실성왕 때 볼모로 잡혀갔다고 나와요. 하지만 《삼국유사》에는 눌지왕 때 보해가 고구려의 볼모가 되고, 내물왕 때 미해가 왜의 볼모가 되었다고 해요. 또 《삼국사기》에서는 박제상이 고구려 왕을 말로 설득하지만, 《삼국유사》에서는 보해를 몰래 탈출시키려다가 고구려 군사들이 쫓아오는 것으로 나와요. 두 이야기가 조금은 다르지만, 박제상이 목숨을 바쳐 충절을 지킨 것만은 똑같아요.

의자왕이 나라를 잘 다스리도록 흥수와 함께 조언을 했다가 감옥에 갇혔어.
- 성충

박제상처럼 죽으면서까지 충성을 바친 사람이 또 있나요?

백제 의자왕 때 성충이라는 신하가 있었어요. 성충은 의자왕이 술 마시고 노는 것에 빠져 나랏일을 돌보지 않자 잘못된 행동을 고치도록 온 힘을 다하여 말했어요. 의자왕은 화가 나서 성충을 감옥에 가두었지요. 성충은 감옥에서도 나라를 걱정했어요. "충신은 죽어서도 왕을 잊지 않는다."고 하면서 전쟁이 나면 탄현과 기벌포에서 적군을 막아야 한다는 유서를 남기고 죽었지요.

박제상 이야기가 담긴 책에는 무엇이 있나요?

박제상의 이야기는 조선 시대에 책으로도 만들어졌어요. 조선 시대 왕들은 박제상을 백성들이 본받아야 할 충성스런 신하의 본보기라고 생각했지요. 세종 때 만들어진 《삼강행실도》, 광해군 때의 《동국신속행실도》, 정조 때의 《오륜행실도》 등에 박제상의 이야기가 나와요. 세종은 박제상을 가리켜 신라 천 년의 역사에서 으뜸가는 충신이라고 칭찬을 아끼지 않았지요. 박제상에 대한 기록은 일본에도 남아 있어요. 《유방원사적》이라는 책에는 박제상을 불에 태우자 갑자기 불길이 하늘 높이 치솟고, 맑은 하늘에서 벼락이 떨어져 왜왕을 기절초풍하게 만들었다고 쓰여 있어요. 또 일본의 역사를 기록한 《일본서기》에도 박제상의 이야기가 기록되어 있지요.

시대를 알고

고구려에 맞서기 위해
신라와 백제 손잡다

박제상이 살던 5세기에는 고구려가 동북아시아에서 가장 강한 나라였어요. 신라는 이러한 고구려에 저항하지 않는다는 것을 보여 주기 위해 왕의 동생을 볼모로 보낼 수밖에 없었지요. 그럼, 강한 나라 고구려의 공격에 신라와 백제는 어떻게 대처했을까요?

남쪽으로 눈을 돌려라

5세기는 고구려의 전성기였어요. 북쪽으로 영토를 크게 넓힌 광개토 대왕에 이어, 아들인 장수왕은 남쪽으로 영토를 넓혔지요. 장수왕은 북위가 한반도 북쪽의 새로운 강자로 등장하자, 한반도 남쪽에 관심을 쏟기 시작했어요. 427년, 장수왕은 도읍지를 압록강 가에 있던 국내성에서 대동강 가에 있는 평양으로 옮긴 뒤, 신라와 백제를 압박했지요.

"빨리 한강을 빼앗고, 남쪽으로 내려가자."

한강을 지켜야 한다

장수왕이 평양으로 도읍을 옮기자, 백제 비유왕은 위기를 느꼈어요. 광개토 대왕이 396년에 백제의 도읍지인 한성까지 쳐들어와 아신왕에게 항복을 받아 냈던 일이 있었기 때문에, 비유왕은 장수왕이 백제가 차지하고 있던 한강 유역을 빼앗으려 한다는 것을 알아챘어요.

"절대로 한강을 빼앗길 수는 없지."

고구려에서 벗어나자

400년, 가야와 왜의 침략에 힘들어 하던 신라 내물왕은 광개토 대왕에게 도움을 청했어요. 광개토 대왕은 군사를 보내 신라를 지켜 주었고, 이때부터 신라는 고구려의 지배를 받게 되었지요. 그래서 신라는 왕을 정할 때도 고구려의 허락을 받아야 했어요. 신라 실성왕 때인 412년에는 눌지왕의 동생인 복호를 고구려에 볼모로 보내기도 했지요. 왕위에 오른 눌지왕은 고구려의 세력권에서 벗어나려고 노력했어요.

나·제 동맹을 맺다

고구려에게 위협을 느낀 백제 비유왕은 신라 눌지왕에게 사신을 보내 함께 힘을 모으자고 했어요. 고구려의 간섭에서 벗어나고 싶었던 눌지왕은 반가웠지요. 433년, 신라 눌지왕과 백제 비유왕은 강한 나라 고구려로부터 살아남기 위해 동맹을 맺었어요. 이 동맹을 신라의 '라' 자와 백제의 '제' 자를 따서 '나·제 동맹'이라고 불러요.

황금의 나라 신라

5~6세기 무렵에 만들어진 신라 무덤에서는 금과 은으로 된 여러 장신구들이 많이 나왔어요. 금은 장신구로 치장한 왕과 귀족들을 본 외국 사람들은 신라를 '황금의 나라'라고 불렀지요. 신라의 왕과 왕비는 어떤 장신구를 썼을까요?

금모자 얇은 금판 여러 장을 붙여서 만든 모자예요. 헝겊이나 가죽으로 된 모자 위에 덧썼던 것 같아요.

금팔찌 톱니바퀴 모양이나 용 무늬가 새겨진 것이 많아요.

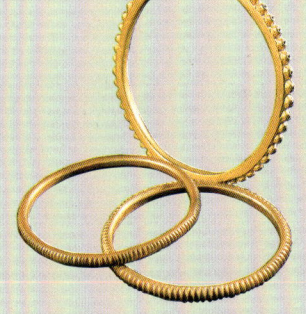

금 귀걸이 달개, 금 알갱이, 유리 장식 등으로 화려하게 장식했어요. 굵은 고리 귀걸이는 금관이나 모자를 장식하는 데 주로 썼어요.

금 목걸이 목걸이 끝에는 곱은옥이 하나씩 달려 있어요. 목걸이는 금보다 옥이나 유리구슬로 만든 것이 많아요.

금반지 윗부분이 넓고 마름모 모양인 것이 많아요. 금 알갱이나 색 유리로 장식한 화려한 반지와 장식이 없는 소박한 반지가 있어요.

가슴 꾸미개 가슴 앞쪽에만 늘어지는 목걸이와는 달리 가슴 전체와 등에까지 드리워지는 장신구예요. 여러 색의 유리구슬과 금구슬, 금막대로 만들었어요.

새 날개 장식 금모자에 꽂는 장식이에요. 새가 날아가는 것처럼 양쪽 날개가 위를 향해 힘차게 펼쳐져 있고, 안팎에 달개를 많이 달아 화려해요.

교동 출토   금관총 출토

서봉총 출토   천마총 출토

금관 순금 판을 오려서 만든 관모예요. 금관의 아래쪽은 둥근 모양의 테로 되어 있고, '출(出)' 자 모양이나 사슴뿔 모양의 세움 장식이 있어요. 또 '달개'라 부르는 얇은 쇠붙이 장식이나 곱은옥을 달아서 금관이 반짝거리게 했어요. 금관은 비슷해 보이지만, 자세히 살펴보면 세움 장식이나 무늬, 달개의 수가 조금씩 다르지요.

금으로 만든 허리띠와 드리개
삼국 시대에는 허리띠가 신분을 나타내는 중요한 장신구였어요. 드리개는 곱은옥, 금구슬, 유리구슬 등을 달아 화려하게 장식했어요.

● 부록

인물과 함께 글 유호선 | 그림 유지연
시대를 알고 글 성미애 | 그림 유지연
박물관 나들이 글 성미애 | 그림 유지연

● 사진 출처 및 제공처

인트로 토픽포토

인물과 함께 박제상 영정 _ 치산서원

박물관 나들이 천마총 출토 금 귀걸이 _ 국립중앙박물관(경박200801-001)·《신라 황금》, 국립경주박물관, 2001 | 금관총 출토 금관, 서봉총 출토 금관, 금관총 출토 금모자 새 날개 장식, 금관총 출토 금모자, 서봉총 출토 금팔찌, 부부총 출토 금 귀걸이, 노서동 출토 금 목걸이 _ 국립중앙박물관(경박200801-004)·《신라 황금》, 국립경주박물관, 2001 | 천마총 출토 금모자, 천마총 출토 금 귀걸이, 천마총 출토 금 허리띠와 드리개 _ 국립경주박물관(경박200801-001)·《신라 황금》, 국립경주박물관, 2001 | 교동 출토 금관, 천마총 출토 금관, 천마총 출토 금팔찌, 황남대총 출토 금팔찌, 금반지 _ 국립경주박물관(경박200801-004)·《신라 황금》, 국립경주박물관, 2001 | 월성 출토 가슴 꾸미개 _ 국립경주박물관(경박200801-004)·《고고관》, 국립경주박물관, 2002

※ 이 책에 사용한 모든 자료의 출처를 밝히기 위해 최선을 다했습니다. 빠지거나 잘못된 점을 알려 주시면 바로잡겠습니다.

● 일러두기

· 맞춤법, 띄어쓰기는 국립국어연구원에서 펴낸 〈표준국어대사전〉을 기준으로 삼았습니다.
· 외국 인명, 지명은 국립국어연구원에서 펴낸 〈외래어 표기 용례집〉을 따랐습니다.
  단, 중국 지명은 현지음에 따랐습니다.
· 역사 용어는 교육인적자원부에서 펴낸 〈교과서 편수자료〉에 따르되, 어려운 용어는 쉽게 풀어 썼습니다.
· 옛 지명은 ( ) 안에 현재 지명을 함께 적었습니다.
· 연도나 월은 1895년 태양력 사용을 기점으로 이전은 음력으로, 이후는 양력으로 표기했습니다.

탄탄 뿌리깊은 삼국사기 충절의 본보기 박제상

펴낸이 김동휘 | **펴낸곳** 여원미디어(주) | **고객상담실** 080-523-4077
주소 경기도 파주시 회동길 130(문발동) 탄탄스토리하우스
출판등록 제406-2009-0000032호 | **홈페이지** www.tantani.com
글 유호선 | **그림** 윤정주 | **감수** 윤선태 | **기획** 아우라, 이상임
총괄책임 김수현 | **편집장** 이정희 | **기획 편집** 조승현, 이혜영 | **디자인기획** 여는
본문 디자인 여는, 퍼블릭디자인 섬 | **사진진행** 시몽 포토에이전시
제작책임 정원성

판매처 한국가드너(주) | **마케팅** 김미영, 오영남, 전은정, 김명희, 이정희

ⓒ여원미디어 2008 ISBN 978-89-6168-194-0 ISBN 978-89-6168-209-1(세트)

이 책은 저작권법에 따라 보호되는 저작물이므로, 무단으로 이 책의 전부 또는 일부를 복사, 복제, 배포하거나 전산장치에 저장할 수 없습니다.

⚠ 주의 1. 책 모서리가 날카로워 다칠 수 있으니 사람을 향해 던지거나 떨어뜨리지 마십시오.
       2. 보관 시 직사광선이나 습기 찬 곳은 피해 주십시오.

朴堤上 或云毛末 始祖赫居世之後婆娑尼師今五世孫祖阿道葛文王父勿品波珍湌堤上仕為歃良州干先是實聖王九年壬寅與倭國講和倭王請以奈勿王之子未斯欣為質王嘗恨奈勿王使巳賓於高句麗恩有以釋憾於其子故不拒而遣之又十一年王子卜好為質大王又遣之及訥祗王即位思得辯士往迎之聞水酒村干伐寶靺一利村干仇里廼利伊村干波老三人有賢智召問

曰吾弟二人質於倭麗二國多年不還兄承之故念不能自止願使生還雖兄弟之情何而可三人同對曰臣等聞歃良州干堤上剛勇而有謀可得以解殿下之憂於是徵堤上使前告三臣之言而請行堤上對曰臣雖愚不肖敢不唯命祗承遂以聘禮入高句麗語王曰臣聞交鄰國之道誠信而已若交質子則不及五霸誠末世之事也今寡君之愛弟在此殆將十年寡君以鶺鴒在原之意永懷不巳若大王惠然歸之則君